QUICK GUIDE TO PERUVIAN SPANISH

LANGUAGE BABEL, INC.

Copyright ©2013 by Language Babel, Inc. All rights reserved.
Published by Language Babel, Inc., San Juan, Puerto Rico.

No part of this publication may be reproduced, stored in a retrieval system, or transmitted in any form or by any means, electronic, mechanical, photocopying, recording, scanning, or otherwise, except as permitted under Section 107 or 108 of the 1976 United States Copyright Act, without either the prior written permission of the author and the Publisher. Requests to the Publisher for permission should be addressed to Language Babel, Inc., 1357 Ashford Ave., PMB 384, San Juan, PR 00907 or by e-mail to *info@speakinglatino.com*.

Limit of Liability/Disclaimer of Warranty: While the publisher and author have used their best efforts in preparing this book, they make no representations or warranties with respect to the accuracy or completeness of the content. You should confer with a language professional when appropriate. Neither the publisher nor author shall be liable for any loss of profit or any other commercial damages, including but not limited to special, incidental, consequential, or other damages.

For ordering information or special discounts for bulk purchases, please contact Language Babel, Inc. 1357 Ashford Ave., PMB 384, San Juan, PR 00907 or by e-mail to *info@speakinglatino.com*.

Printed in the United States of America by Language Babel, Inc.

ISBN-10: 0-9838405-7-1   (paperback)
ISBN-13: 978-0-9838405-7-2
Printed in the United States of America by Language Babel, Inc.
Version 1

PRESENTATION

This quick guide of words and phrases from Peru will help you better understand this South American country. The collection of almost 500 terms and sayings will help you become familiar with the richness of Peruvian Spanish. It includes colloquially used words and some dirty ones too!

Each term has been defined in English and synonyms are included when available. There are also more than 450 example sentences. Each entry is presented as follows:

> **cabecear:** 1) ignore a debt with malice 2) to take a nap
> SYN: 1) meter/tirar cabeza
> ✐ *1) Creo que Gustavo ya me cabeceó con los 100 soles. 2) Voy a cabecear medio horita y luego seguiré estudiando.*

Abbreviations and Symbols:
SYN: synonyms or similar words
✐ example sentence

PRESENTACIÓN

Esta guía rápida de palabras y frases de Perú te ayudará a entender mejor el habla de este país sudamericano. La recopilación de casi 500 términos y dichos te ayudará a familiarizarte con la riqueza del español peruano e incluye coloquialismos sin dejar fuera algunos vulgarismos.

Cada término ha sido definido en inglés y, en la mayoría de los casos, se han incluído sinónimos y más de 450 ejemplos de uso. Las entradas están presentadas de la siguiente manera:

> **cabecear:** 1) ignore a debt with malice 2) to take a nap
> SYN: 1) meter/tirar cabeza
> ✐ *1) Creo que Gustavo ya me cabeceó con los 100 soles. 2) Voy a cabecear medio horita y luego seguiré estudiando.*

Abreviaturas y símbolos:
SYN: sinónimos o palabras similares
✐ Oración de ejemplo

Spanish Words & Phrases from Peru

A

a forro: intensely, in great proportion
🖉 *Nos vamos a divertir a forro en nuestro viaje de promoción.*

a grito pelado: out loud
🖉 *No es necesario que me lo digas a grito pelado, ya te escuché.*

a la champa: to do something without spending too much time doing it, without too much dedication, the result doesn´t usually turn out well SYN: al champón, a la prepo
🖉 *Ya vez, las cosas salen mal cuando las haces a la champa.*

a la firme: used to swear, to ensure or guarantee something
🖉 *¿Es verdad que viste a Úrsula con tu vecino? -A la firme que los vi compadre.*

a la prepo: to do something without spending too much time doing it, without too much dedication and the result doesn´t usually turn out well. SYN: a la champa, al champón
🖉 *Juan hizo la tarea a la prepo, por eso sacó mala nota en la asignación.*

a la tela: dressed up
🖉 *Para ir a esa fiesta tienes que estar a la tela.*

a mano suelta: spend a lot of money
🖉 *Cada vez que Julio se va de viaje, gasta a mano suelta.*

a pico: to drink straight from the bottle
🖉 *Yo me tomo las cervezas a pico no más... no necesito vaso.*

A PICO

a voz en cuello: speak out loud
◊ *Su esposa lo gritaba a voz en cuello delante de todo el mundo.*

abollar: 1) to dent 2) to beat someone
SYN: sacar la mugre, dar de alma
◊ *2) Los vecinos agarraron al ladrón y lo abollaron.*

achicar or **achicar la bomba:** to pee
◊ *¿Me prestas tu baño? Quiero achicar la bomba.*

achicopala or **achicopalarse:** 1) to embarrass, to inhibit, to be/get embarrassed 2) to get sad
SYN: 1) arrochar 2) triste
◊ *1) Rosa se burló del poema que Germán le había escrito y él se achicopaló. 2) No te achicopales, es solo el primer set del juego, todavía faltan dos más.*

achorado: person of hostile behavior, of defiant character
◊ *Oscar es un achorado. Lo único que sabe hacer es buscar pelea.*

achorarse: to adopt bad habits, to take the customs of a 'choro' or thief or to adopt behaviors that you would expect from a criminal
◊ *Para pasar por ese barrio tendrás que achorarte, si no te van a asaltar.*

acollerarse: to try to get into a group of

people surreptitiously in order to obtain a benefit
✐ Hernán fue a la fiesta sólo, pero se acolleró con un grupo que encontró ahí.

afanar: to woo, to court
✐ Deja de afanar a Patty, ella tiene enamorado.

aflojar: to give, to hand over
✐ Tendrás que hablarle bien a tu papá para que afloje en darte el dinero.

agachados: place where you can eat for a low price, generally on the street
✐ No tengo mucha plata, ¿quieres comer algo en los agachados?

agarrar: to kiss on the lips using the tongue
SYN: chapar
✐ En la fiesta me agarré a Karina, no paramos de besarnos en toda la noche.

agarre: unofficial partner, also a casual relationship
SYN: aguirre
✐ Flor es solo mi agarre, no tenemos una relación seria.

aguantado: someone who is sexually repressed
✐ A mi enamorado lo operaron hace un mes y desde entonces no hemos podido tener relaciones sexuales, ¡estoy más aguantada!

aguantar: to wait
✐ Aguanta, ¿qué dijiste? ¿puedes repetirlo?

aguayo: water

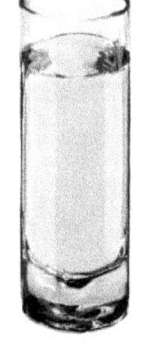

AGUAYO

✐ *Me muero de sed, voy a tomar un vaso de aguayo.*

aguirre: unofficial partner, also a casual relationship
SYN: agarre
✐ *El jefe tuvo un aguirre con su secretaria.*

aguja: someone who doesn´t have much money
SYN: misio, misionero
✐ *Estoy más aguja, no tengo ni para el pasaje.*

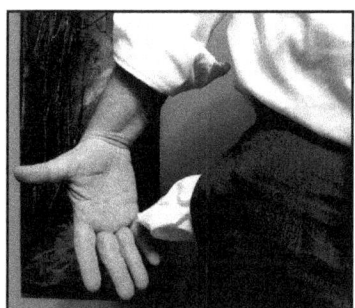

AGUJA

ahí nos vidrios: way to say "see you soon," it comes from *"ahí nos vemos"*
✐ *Ya me tengo que ir, ahí nos vidrios. Chau.*

ahuesado: not to have an opportunity to do something else, no progress
✐ *En este trabajo estoy ahuesado. No tengo a donde más escalar.*

ahuevado: stunned, dazed
✐ *No dejes que esa chica te tenga ahuevado, haces todo lo que ella te pide.*

ají de gallina: a chicken dish served with a yellow pepper which is used in a rich sauce, with rice.

AJÍ DE GALLINA

al champón: to do something without spending too much time doing it, without too much dedication and the result doesn't usually turn out well
SYN: a la champa, a la prepo
🖉 *Sacasta malas notas por poner las respuestas al champón.*

al chin chin: cash
🖉 *El descuento es siempre y cuando pagues al chin chin.*

AL CHIN CHIN

al fonso: down the hall, all the way in back
🖉 *¿Me podría decir dónde está el baño? -Al fonso a la derecha.*

al polo: very cold (for drinks)
SYN: helena
🖉 *Mozo, tráigame dos cervezas al polo.*

al seco: swallowed in one gulp, with a single sip, usually for alcoholic drinks
SYN: seco y volteado
🖉 *¡Un brindis por el cumpleaños de Sandra! Pero al seco ¡ah!*

al toque: right away, immediately
SYN: al toquepala
🖉 *Sí jefe, se lo traigo al toque.*

al toquepala: fast, right away, immediately
SYN: al toque
🖉 *No me demoro, salgo al toquepala.*

ala: armpit odor
SYN: alacrán
🖉 *En el autobús que me vine, había un olor a ala que daba miedo.*

alacrán: armpit odor
SYN: ala
🖉 *Date un baño, traes un alacrán que ni tú mismo te aguantas.*

alaraca: a lot of noise made by raising the voice to draw attention
🖉 *¿Por qué haces tanta alaraca? Toma, aquí está el dinero que me pediste.*

alturado: dialogue that develops with great respect between both sides without insults, shouting or accusations
🖉 *¿Crees que podamos hablar de forma alturada y no insultándonos?*

ambrosio or **tener ambrosio:** hunger, to be hungry
SYN: filo
🖉 *Estoy con un ambrosio que podría comerme un camello.*

ampayar: to find someone in a situation that he/she doesn´t want to be seen
🖉 *Al esposo de Milagros lo ampayaron con otra mujer.*

andar a freir monos: said when you don´t care about what you have been told, buzz off
🖉 *Carmela, sírveme la comida en este momento. -Ándate a freir monos.*

ANTICUCHO

anticucho: 1) skewered grilled beef heart on a stick 2) old, antique, ancient, it comes from

"antiguo"
📝 1) Te espero en la casa para comer unos anticuchos.
2) Tengo que comprarme un televisor nuevo, el que tengo ya está anticucho.

apapachar: to caress, to hug
📝 Para que mi hija se duerma tiene que apapachar a su muñeco.

arapiento: badly dressed, dirty, with bad appearance
📝 No te vistas así, pareces una arapienta.

argolla: social and work circle characterized by recommendations, usually in public offices and sports
📝 Para que puedas jugar en ese equipo tienes que estar dentro de la argolla del club.

aro: anus
SYN: chico, ortiz

arrancar: to leave a place very fast
📝 Él se levantó y arrancó rápidamente a ver lo que pasaba fuera.

arranchar: to snatch, to take something violently
📝 Cuando cruzaba el puente, un ladrón me arranchó la cartera.

arrechar: to arouse sexually
📝 Cuando veo pasar a Sonia, me arrecho.

arriconchinar: to gather in order to have more room
📝 Arriconchínense para que entre uno más en el carro.

arriola: sexually excited, horny
📝 Desde que me divorcié de mi esposo, no he estado

con ningún otro hombre, ¡estoy más arriola!

arrochar: 1) to embarrass someone 2) to ignore, to despise
SYN: 1) achicopalar 2) tirar arroz, tirar roche
✎ *1) Sus comentarios la arrocharon. 2) Le pregunté si quería salir conmigo y me arrochó, ni siquiera me contestó.*

arruga: debt
✎ *Todavía no he podido pagar la arruga que le tengo al carpintero.*

arrugar: to give up, to desist
✎ *Iba a renunciar a mi trabajo, pero al final arrugué.*

asado: to be mad, angry
SYN: azabache
✎ *¡Estoy más asado! No quiero hablar con nadie.*

asarse: to get mad
✎ *No te ases, era solo una broma.*

asterisco: anal sphincter
✎ *La primera vez que hice parapente, ajusté el asterisco al máximo de miedo.*

atracar: to accept some type of condition or situation
✎ *Le pedí 50 soles por el abrigo y atracó.*

atrasar: to anticipate the action of a rival, colleague, etc.
✎ *Iba a pedirle a Rosa que sea mi pareja para el baile, pero Javier me atrasó.*

atroya or **troya:** in the back
✎ *Me chocaron el carro por atroya.*

aventado: someone

with great courage, daring
🖋 *Ese es un aventado, no tiene miedo a nada.*

avispado: alert, sly, cunning person
SYN: avivado
🖋 *Ese muchacho solo tiene 10 años, es muy avispado para su edad.*

avivado: alert, sly, cunning person
SYN: avispado
🖋 *Desde que Alejandra se junta con esas chicas, se ha vuelto muy avivada.*

ayayero: flatterer
SYN: chupamedia, franelero, sobón, patero
🖋 *Roberto es ayayero con la mamá de su enamorada para que lo acepte como futuro yerno.*

azabache: to be mad, angry, it comes from *"asado"*
SYN: asado
🖋 *Este no es un buen momento de pedirle un aumento al jefe, está recontra azabache.*

B

bajadito: naïve, ingenuous person, it comes from *"bajado de la sierra"* (came down from the mountains/Andes)
⁂ *Martín miraba los edificios como si nunca antes los hubiese visto, parecía recién bajadito.*

bamba: imitation, something forged, counterfeit
SYN: bambú
⁂ *Me compré unas zapatillas bamba porque no tenía mucho dinero.*

bambú: imitation, something forged, counterfeit
SYN: bamba
⁂ *Tu licencia de conducir es bambú.*

barajar: to change the subject, the circumstance
⁂ *Le pregunté qué había hecho con el dinero, pero me la barajó bien y me olvidé del tema.*

barrunto: densely populated neighborhood
⁂ *De qué barrunto vendrán los nuevos vecinos.*

bataclana: a woman who wears light or little clothing, sings, dances, and flirts, something like a cabaret star
⁂ *Cada vez hay más bataclanas en los programas cómicos.*

batuta: voice of authority, leadership
⁂ *Esperemos que Víctor dé la batuta para empezar con el juego.*

beto: said when you don´t know the answer
⁂ *¿Sabes quién ganó el partido? -Beto.*

bicicleta: diarrhea
SYN: guacha floja
✎ *Hoy no iré a trabajar, estoy con la bicicleta.*

billetón: a lot of money
✎ *Los papás de Guisela gastaron un billetón para pagarle sus estudios.*

bistec: eyesight, it comes from *"vista"*
✎ *Se me ha caído un arete, ¿puedes ayudarme a encontrarlo? Tú tienes buen bistec.*

BIZCOCHO

bizcocho: cross-eyed person, it comes from *"bizco"*
✎ *Jorge tiene un problema en la vista, creo que es medio bizcocho.*

blanca or **blanquita:** cocaine
✎ *Lo metieron preso por tráfico de blanca. / ¿Sabes quién vende blanquita por aquí?*

BOBO

bobo: 1) a watch 2) heart
✎ *1) Mira el bobo nuevo que me compré, viene con cronómetro y calculadora. 2)*

19

Mi viejo está mal del bobo, tuvieron que ponerle un marcapaso.

boloñas: testicles, nuts
✎ *Eduardo tiene un problema en las boloñas, parece que tienen que operarlo.*

bomba: drunkenness
SYN: tranca
✎ *El sábado nos metimos una bomba, nos tomamos tres rones entre cuatro patas.*

BOTÁNICA

botánica: bottle
✎ *¿Cuántas botánicas de vino compraste?*

boyo: homosexual (man)
SYN: chimbombo, británico, brito, brócoli, cabrilla, chivo, ñoco, rosquete, rosca, cabro
✎ *Esta discoteca es solo para boyos.*

bravazo: wonderful, excellent, exceptional
✎ *Tu carro nuevo está bravazo.*

británico: homosexual (man)
SYN: brito, brócoli, cabro, chinbombo, cabrilla, chivo, ñoco, rosquete, rosca, boyo
✎ *Aunque él no lo quiera aceptar, pero todos saben que él es británico.*

brito: homosexual (man)
SYN: británico, brócoli, cabro, chimbombo, cabrilla, chivo, ñoco, rosquete, rosca, boyo

🖉 *A ese brito lo vieron el otro día besándose con un moreno.*

brócoli: homosexual (man)
SYN: británico, brito, cabro, chimbombo, cabrilla, chivo, ñoco, rosquete, rosca, boyo
🖉 *Si sales con ese pantalón tan apretado, vas a parecer brócoli.*

broster: friend, it comes from "brother"
SYN: causa, choche
🖉 *¡Habla broster! ¿Y cómo es más tarde? ¿unas chelitas?*

C

caballero no más: said when you don't have another option
🖉 *Se acabaron las cervezas, caballero no más, voy a tener que salir a comprar más.*

cabecear: 1) ignore a debt with malice 2) to take a nap
SYN: 1) meter/tirar cabeza
🖉 *1) Creo que Gustavo ya me cabeceó con los 100 soles. 2) Voy a cabecear media horita y luego seguiré estudiando.*

cabrearse: to avoid an embarrassing, awkward situation
🖉 *Él se cabreó para evitar que le preguntaran acerca de su ex-esposa.*

cabrilla: homosexual (man)
SYN: brito, brócoli,

cabro, chimbombo, británico, ñoco, rosquete, rosca, chivo, boyo
✐ *Paco resultó ser una cabrilla, bien guardado se lo tenía.*

cabro: homosexual (man)
SYN: chimbombo, británico, brito, brócoli, cabrilla, chivo, ñoco, rosquete, rosca, boyo
✐ *Me acabo de enterar que el hijo de mi vecina es cabro.*

cacanero: man who likes to have sex with other men
SYN: mostazero
✐ *Ese es un cacanero, le gusta estar con maricones.*

cachaciento: someone who mocks/makes fun of a situation, a sarcastic person
SYN: cachoso
✐ *No seas cachaciento, ya deja de burlarte de la forma como baila.*

cachaco: soldiers who just got into the service/force
✐ *Un montón de cachacos están cuidando la entrada del palacio de gobierno.*

cachar: to have sex with
SYN: tirar
✐ *Ayer estuve cachando con esa flaca.*

cacharro: face
SYN: carabina
✐ *¿Estás enfermo? Traes un cacharro que da pena.*

cachimbo: first year university student
✐ *Este año hay más cachimbos en el curso que el año pasado.*

cachoso: someone who mocks/makes fun of a situation, a

sarcastic person
SYN: cachaciento
🖉 *¡Ya! No seas cachoso y ayuda a tu hermana a levantarse.*

cachuelear: to work temporarily
🖉 *No, no tengo un trabajo estable, solo cachueleo.*

cachuelo: a temporary job
🖉 *No podré ir al almuerzo el sábado, tengo un cachuelo todo el día pintando la casa de mi tío.*

caer: to make a declaration of love
🖉 *Alberto por fin le cayó a Elena. Ha estado detrás de ella por un mes.*

caer a pelo: to satisfy your needs at the right time, to fit your needs well, perfectly
🖉 *Gracias por la cartera nueva, me cayó a pelo, justo necesitaba una.*

caer gordo: to take a dislike to somebody
🖉 *Esa actriz me cae gorda por sus poses de diva.*

caficho: a pimp, a man who lives from the prositute's work
🖉 *Juliana dijo que su caficho la golpeaba cuando no quería salir a trabajar.*

caído del palco: fool, not bright or alert, someone who lets himself/herself be fooled/tricked
🖉 *Gabriel no sabe diferenciar entre unas zapatillas de marca y unas bamba. Es un caído del palco.*

calabacita: unintelligent person, with no brains
🖉 *Ella será simpática pero es una calabacita.*

callejón: group of

23

houses in a poor neighborhood sharing some facilities like restrooms, place to wash clothes, etc. SYN: llonja

✎ *Las vecinas de ese callejón se reúnen al medio día para lavar ropa.*

camarón: someone who participates in a party without contributing economically as was agreed

✎ *Esta vez la haré de camarón porque estoy misio.*

CANA

cana: jail

✎ *Julián acaba de salir de la cana después de tres años de estar preso.*

caña: car, automobile

✎ *¿Quieres ir el sábado a la playa en mi caña nueva? Es una convertible.*

CAÑA

carabina: face SYN: cacharro

✎ *Lávate la carabina antes de ponerte maquillaje.*

cau-cau: problem

✎ *Te veo preocupado, cuéntame cuál es tu cau cau.*

causa: 1) friend 2) a layered dish made with avocados and potatoes sliced veggies and served cold. In addition it may even include tuna, or hard boiled eggs in the mix SYN: 1) choche, broster

🖉 *1) Ahí viene mi causa Manuel.*

cayetano: life experience, accumulation of experience acquired, it comes from *"calle"*
🖉 *Rubén no sabe ni dónde queda la biblioteca, casi nunca sale de su casa, le falta cayetano.*

chaira: razor used for criminal purposes
🖉 *Aquellos delincuentes atacan con chaira.*

chamullar or **chamullador:** someone who talks a lot without saying much, who tries to convince someone without having strong reasons to support their argument
SYN: meter chamullo, meter floro
🖉 *No me chamulles y dime dónde has estado. / No creas nada de lo que te diga Carlos, él es un chamullador.*

chancar: to study very hard
🖉 *Tuve que chancar bastante para el examen de ingreso.*

chancarse: to give something, for example a gift or money, without wishing to do it
🖉 *Ya, cháncate no más con la plata para el regalo.*

chancay: sexual partner (man)
SYN: mariachi, machucafuerte, machucador, machete
🖉 *El de gorra negra es el nuevo chancay de Lucía.*

chancha: to chip in (money) in order to buy something
🖉 *Hay que hacer una chancha para comprar el regalo del*

jefe.

chancón: someone who studies very hard
✎ *Alejandra es una chancona, siempre saca buenas notas.*

chapa: nickname
SYN: chaplín
✎ *¿Cuál es la chapa de Jorge? -Le dicen El Chato.*

chapar: 1) to catch 2) caught in the act, red-handed 3) to kiss on the lips using the tongue
SYN: 1) agarrar 2) sorprender 3) agarrar, chape
✎ 1) *Tengo que chapar el autobús de las 7am para llegar temprano al trabajo.* 2) *Lo chapé fumando y él me dijo que lo había dejado.* 3) *Andrea y Fabián estuvieron chapando en la fiesta.*

chape: to kiss on the lips using the tongue
SYN: chapetex, chapar
✎ *Se dieron un chape interminable.*

chapetex: the same as "chape"
SYN: chape, chapar
✎ *¿Y? ¡Cuenta! ¿Hubo chapetex en tu cita de ayer?*

chaplín: nickname
SYN: chapa
✎ *Eduardo es el mejor poniendo chaplines.*

chela: beer
✎ *El fin de semana me tomé unas chelas con los amigos del barrio.*

CHELA

chepi: stop, pause, usually in a game that involves physical activity, used for kids
🖉 *¡Chepi, chepi! Creo que me doblé el pie de tanto jugar a la chapada.*

chibolero: person who likes to date people much younger than him/her
🖉 *Martín es un chibolero, sale con chicas 10 años menor que él.*

chibolo: kid, young boy/girl
🖉 *Los chibolos jugaban en el patio del colegio.*

CHIBOLO

chicha: a traditional drink made from the manioc root, yuca root or maize

chico: anus
SYN: aro, ortiz

chifa: Chinese food

chimbombo: homosexual (man)
SYN: cabro, británico, brito, brócoli, cabrilla, chivo, ñoco, rosquete, rosca, boyo
🖉 *Creo que esta discoteca es solo para chimbombos.*

chinear: to look at something
SYN: tirar lente, lentear
🖉 *Chinea a esa flaca, está buena.*

chivas: belongings
🖉 *Agarro mis chivas y me voy de la casa.*

chivo: homosexual (man)
SYN: brito, brócoli, cabro, chinbombo,

27

cabrilla, británico, ñoco, rosquete, rosca, boyo
✎ *En esta cuadra se paran puros chivos.*

chizito: small penis
SYN: maní/manicito, mechacorta
✎ *Con ese chizito nunca vas a poder tener hijos.*

choborra: drunk, it comes from changing the syllable order of "borracho"(cho-bo-rra)
SYN: huasca, zampado, zampietri, entre pisco y nasca
✎ *Teresa me contó que ayer su esposo llegó tarde a la casa y choborra.*

choche: friend
SYN: causa, broster
✎ *Gabriel es mi choche. Nos conocemos de hace mucho tiempo.*

chongo: 1) fun, racket, a lot of noise and laugh 2) brothel
SYN: 1) diversión 2) troca
✎ *1) La fiesta de Claudia fue un chongo. Nos divertimos mucho, 2) Nunca he ido a un chongo, me parece que es antihigiénico.*

chonguear: to have fun
✎ *Estábamos chongeándonos hasta que llegaron los papás de José.*

chorizón: big penis
SYN: salchichón
✎ *¡Dicen que Augusto tiene un chorizón!*

chorrearse el helado: implies homosexuality
SYN: sudarle la espalda, mojarse la canoa
✎ *Gonzalo nunca ha tenido enamorada, yo creo que se le chorrea el helado.*

chucha: female

genital organ
SYN: papa

¡chucha!: interjection when something bad happens
✐ ¡Ay chucha! Me corté el dedo.

chupamedia: flatterer, ass-kisser
SYN: franelero, sobón, ayayero, patero
✐ Nadie lo quiere a Camilo en la oficina por chupamedia, sólo para adulando al jefe para obtener beneficios.

chupar: to drink alcohol
✐ Estuvimos chupando ron toda la noche.

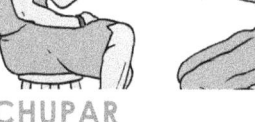
CHUPAR

chuparse: to chicken out, to change one´s mind
✐ Andrés quería tirarse de un avión en paracaídas, pero se chupó.

coco: dollar
✐ Esta computadora me costó mil cocos.

collera: group of close friends
✐ Hoy en la noche nos reuniremos con toda la collera del barrio.

COMBATE

combate: food, meal, dinner
SYN: richi, combo, jama
✐ July, ¡ya llegué! ¿Qué hay de combate?

combear: to eat
SYN: tirar combo, jamear, papear
✎ *Voy a combear primero y luego te ayudo con la tarea.*

combo: food, meal, dinner
SYN: combate, richi, jama
✎ *Yo mismo he preparado mi combo.*

correrse la paja: to jerk off, to masturbate
SYN: estar con manuela, pajearse
✎ *Es tan feo que lo único que le queda es correrse la paja.*

creerse la última chupada del mango: to be arrogant, vain, conceited
✎ *Tomás se compró un carro del año y ahora se cree la última chupada del mango.*

crolo: black person
SYN: zambrano, grone
✎ *Te quemaste tanto en la playa que ya pareces crolo.*

crudo: someone whose skin is very white, without color, pale
✎ *A ver si te bronceas un poco en la playa, estás muy crudo.*

cuete: gun, firearm
✎ *El ladrón sacó su cuete y amenazó al cajero del banco con matarlo si no le entregaba el dinero.*

CUETE

D

dar de alma: to beat someone very hard
SYN: sacar la mugre, abollar
✎ *Su esposa le dio de alma cuando se enteró que le había sido infiel.*

de boleto: to be up all night without sleeping and continue with activities
SYN: de volantín
✎ *Estuve estudiando toda la noche y de boleto me fui a dar el examen.*

de fresa: straight ahead
✎ *Para llegar a la iglesia, sigue de fresa una cuadra y luego voltea a la izquierda.*

de la jai: upper social class
✎ *Ahora que Antonio se mudó a La Molina, se cree de la jai.*

de todas mangas: by all means
✎ *Iré a la fiesta de todas mangas.*

de volantín: to be up all night until the next day without sleeping and continue with activities
SYN: de boleto
✎ *Ya no doy más, estuve con mis amigos toda la noche y de volantín me fui a trabajar.*

dejar tirando cintura or **quedarse tirando cintura:** to keep waiting for something that was supposed to happen but never did, to wait in vain
✎ *La esperé dos horas y me dejó tirando cintura, nunca apareció.*

desahuevarse: to stop that nonsense
✎ *¡Desahuévate! No me digas esas cosas.*

descoserse el gorro:

to go bald
🖉 A Luis se le está descosiendo el gorro, cada día tiene menos pelo.

DESCOSERSE EL GORRO

despachada: female with voluptuous body
🖉 Esa cantante no tiene buena voz pero tiene muchos seguidores. Debe ser por lo bien despachada que está.

diablo: birthday
SYN: santoyo
🖉 ¿Sabes si Julián va a celebrar su diablo?

doble filo: bisexual
🖉 Dicen que el esposo de Sonia es de doble filo.

dorima: sexual partner (man) or husband, it comes from changing the syllable order of "marido" (do-ri-ma)
🖉 Ojalá tu dorima no se moleste porque llegaste tarde.

duracel: stingy
SYN: duro
🖉 Ni le pidas prestado dinero a Hugo, es bien duracel, no te va a dar.

duro: 1) stingy 2) cent, the minimum currency
SYN: 1) duracel
🖉 1) Cómprale un regalo, no seas duro. 2) Después del viaje no me queda ni un duro.

DURO

E

el firme or **la firme:** official partner
✐ *Ayer vi a Arturo con una chica, pero creo que no era la firme.*

el bacán: the leading man, the pretty boy
✐ *Gerardo es el bacán del barrio.*

emilio: e- mail
✐ *Mañana te envío un emilio indicando donde será la reunión.*

EMILIO

en bola: pregnant
SYN: en bolivia, en bolero
✐ *Mi cuñada está en bola, tiene 5 meses.*

en bolero: pregnant
SYN: en bola, en bolivia
✐ *Después de tratar dos años, Paola finalmente está en bolero.*

EN BOLA

en bolivia: pregnant
SYN: en bola, en bolero
✐ *Sofía tiene ya tres hijos y está nuevamente en bolivia.*

entre Pisco y Nazca: drunk
SYN: zampado, zampietri, huasca, choborra
✐ *El trago estuvo tan*

fuerte, que estuvimos entre Pisco y Nazca apenas comenzamos a tomar.

estar apurimac: to be in a hurry
✎ *Dame el vuelto rápido que estoy apurimac.*

estar arrejuntados: to live with someone else without getting married
✎ *Ellos no están casados, solo están arrejuntados.*

estar con manuela: to masturbate
SYN: correrse la paja, pajearse
✎ *¿Tienes enamorada? -No, solo estoy con manuela.*

estar con rochabús: to be embarrassed
✎ *No quiero llamarlo por teléfono, estoy con rochabús.*

estar en la luna de Paita: being absent-minded
SYN: pensar en las musarañas
✎ *En la clase de matemáticas voy a estar en la luna de Paita.*

estar envarado: when someone with power helps you achieve your goals by taking advantage of his/her power or influence
SYN: tener vara
✎ *Le dieron el premio a Rolando porque está envarado, su tío es uno de los miembros del jurado.*

estar parado: 1) to have a good economic position 2) to be healthy
✎ *1) -Mauricio tiene un buen cargo en su trabajo -Sí, se ve que está parado. 2) Mi abuelo todavía está bien parado, no sufre de nada.*

estar parchis: to be even, tied in a score
◈ *¿Quién va ganando? -Estamos parchis.*

F

faite: bully, thug, leader in a prison, it comes from the English "fighter"
◈ *Ayer fui atacado por un par de faites cuando regresaba a casa después de la fiesta.*

fallo: cigarette
SYN: pucho
◈ *En la tienda: Deme dos fallos por favor.*

FALLO

faricea: woman who gets sexually involved very easily, slut
SYN: pacharaca, pacha, rufiana, rufla, ruca
◈ *Terminé con Alicia porque era muy faricea.*

fercho: chauffeur, it comes from changing the syllable order of *"chofer"* (fer-cho)
✎ *Dile al fercho que traiga el carro, necesito salir.*

ficho: upscale, elegant
SYN: tuco
✎ *Omar me llevó a un restaurante ficho en nuestra primera cita.*

filo or **estar con filo:** hunger / to be hungry
✎ *¿Qué hay de comer? Estoy con filo.*

franelero or **franela:** flatterer
SYN: chupamedia, sobón, ayayero, patero
✎ *A Rodrigo lo ascendieron sólo por ser franelero con el jefe.*

fumón: someone who smokes marijuana
✎ *Trata de no pasar por esta calle de noche, siempre está llena de fumones.*

funar: to watch
✎ *¿Has ido a funar esta película? Dicen que es buena.*

G

gauchada: favor
✎ *Vecina, ¿me podría hacer la gauchada de cuidar a mi hijo mientras voy al mercado?*

gil or **gila:** boyfriend or girlfriend
✎ *Maritza por fin consiguió gil.*

graciela: thank you
✎ *¡Feliz cumpleaños! -Graciela.*

gringo: person with blonde hair
✎ *La hija de María tiene el cabello claro y le dicen la gringa.*

grone: black person, it comes from changing the syllable order of "negro" (gro-ne)
SYN: zambrano
✎ *Los grones de Chincha tocan muy bien el cajón.*

H

habla barrio: a greeting between friends in a same neighborhood
✎ *Habla barrio, ¿nos vemos más tarde en la fiesta?*

hacer la taba: to accompany, to keep company
✎ *Tengo que ir a comprar a la tienda. ¿Me haces la taba?*

hacerla linda: to achieve something in the best conditions
✎ *Eduardo trabaja en una buena empresa donde le pagan bien, se ha comprado una casa nueva y ha viajado mucho. La ha hecho linda.*

hacerse bolas: 1) to get confused 2) to see a problem where one doesn´t exist
SYN: 2) hacerse paltas

1) Me dijeron las cosas tan rápido que me hice bolas. 2) No te hagas bolas, ha sido solo un malentendido.

hacerse el tercio: to pretend not to understand/realize something or a situation for your convenience
Ese billete es falso, pero hay que hacerse el tercio nomás para que no se den cuenta.

hacerse paltas: 1) to see a problem where one doesn´t exist 2) to get confused
SYN: hacerse bolas
1) No nos hagamos paltas y entremos a la fiesta no más. 2) ¿Qué me dijiste que comprara? Ya me hice paltas.

hasta las caiguas: bad, terrible
El Chorri hoy jugó hasta las caiguas.

helena: cold (for drinks), it comes from "helada"
SYN: al polo
Mozo, deme una Coca cola bien helena.

hembrita: girlfriend
SYN: jerma
Mañana voy a traer a mi hembrita para que la conozcan.

horacio: time
Son las 6, ya es horacio de que llegue.

huacha: in soccer, when the ball passes between the legs of a player
Le hicieron gol de huacha al arquero.

huacha floja: diarrhea
SYN: bicicleta
Comí tanto chicharrón que ahora tengo la huacha floja.

huaico: vomit
🖋 *Tomó tanto trago, que se le vino el huaico.*

huamán: fool, idiot
SYN: lorna
🖋 *Estoy aburrido en mi trabajo, creo que voy a renunciar. -¿Estás huamán? Pero si es una buena empresa.*

huarique: place not so well known where you can eat, drink, buy cheap alcohol
🖋 *Me han hablado de un huarique buenazo, la comida barata y rica. ¿Quieres ir?*

huasca: drunk
SYN: zampado, zampietri, choborra, entre pisco y nasca
🖋 *Tu esposa te va a combear la próxima que llegues huasca.*

huevo: 1) easy 2) expensive
🖋 *1) El examen de matemáticas estuvo huevo. 2) Este pantalón me costó un huevo.*

huiro: marijuana cigarette
🖋 *Ese fumón se ha metido un par de huiros.*

I - J

ir al sobre: to go to sleep, to go to bed
✎ *Ya es muy tarde, me voy al sobre.*

jalada: ride, lift
✎ *Miguel me dio una jalada a la universidad.*

jalado: a bad mark for a test at school, a failed test
✎ *Saqué tres jalados el semestre pasado.*

jalar: 1) to give/to get a bad grade for a test, to fail a test, to flunk 2) to inhale cocaine 3) to give a lift / a ride
✎ *1) El examen de matemáticas estuvo muy difícil, el profesor jaló a casi todo el salón. 2) Si quieren jalar, no lo hagan en mi casa, no quiero tener problemas con mis viejos. 3) He llevado mi carro a reparar. ¿Crees que me puedas jalar a la oficina?*

jama: food, meal, dinner
SYN: richi, combo, combate
✎ *¿A qué hora sirven la jama aquí?*

jamear: to eat
SYN: combear, tirar combo, papear
✎ *Tengo que jamear en cinco minutos, tengo mucho trabajo que hacer.*

jatear: to sleep
SYN: tirar jato
✎ *La alumna jateaba mientras el profesor hablaba.*

JATEAR

40

jato: house, place where you live
🔖 *Ya es muy tarde, mejor me voy a mi jato.*

JATO

jeringa: slang, it comes from *"jerga"*
🔖 *Es difícil entender lo que dice Miguel, siempre utiliza muchas jeringas.*

jerma: girlfriend
SYN: gila, hembrita
🔖 *Luisa es mi jerma desde hace tres meses.*

jinagranputa: jerk

jonca: a box of beers, with 12 large bottles in a box, it comes from changing the syllable order of *"cajón"* (jon-ca)
🔖 *Carlos va a celebrar su aniversario a lo grande. Ha comprado 20 joncas.*

JONCA

juergues: party on Thursday, it is a combination of *"jueves"* (Thursday) and *"juerga"* (party)
🔖 *Celebraré mi cumpleaños el juergues en la noche.*

jugador: someone who gets sexually involved easily, promiscuous
🔖 *Han visto a Vanessa con tres diferentes chicos esta semana. Es una jugadora.*

K - L

kete: small package containing drugs, usually light to carry easily
✎ *En el barrio de Comas te venden ketes bien armados.*

la canción: said when something bad happens
SYN: la canción criolla
✎ *¡Huy!, ahora la canción, ¿qué va a decir tu mamá de tus malas notas?*

la canción criolla: said when something bad happens
SYN: la canción
✎ *No hice la tarea. La canción criolla, ahora ¿qué me va a decir el profesor?*

lapo: a slap
✎ *Me divierte cuando Doña Florinda le mete lapo a Don Ramón.*

latear: to go on foot
SYN: tirar lata
✎ *Nos fuimos lateando del colegio hasta la casa.*

lechada: semen

lechero: lucky
✎ *¡Qué lechero que eres! Te sacaste el primer premio en el sorteo.*

lentear: to look at something
SYN: tirar lente, chinear
✎ *Lentea por si viene el autobús. No se nos vaya a pasar.*

lenteja: slow person
✎ *Vamos a llegar tarde a la reunión. ¡Apúrate, no sean tan lenteja!*

llanto: ok, used to give an affirmative answer
✎ *¿Vamos al cine más tarde? -Llanto.*

llegar al pincho: used

to say that you don´t care
🖉 *Me llega al pincho lo que digas.*

LOMPA

llonja: group of houses in a poor neighborhood sharing some facilities like restrooms, place to wash clothes, etc.
SYN: callejón
🖉 *No entres a ese llonja porque te pueden asaltar.*

lomo saltado: a stir fry that has beef, tomatoes and onions in a soy sauce, it's also cooked up with french fries and serve over rice

lompa: pants
🖉 *Este lompa me queda grande.*

lorna: fool, idiot
SYN: huamán
🖉 *A Pepito siempre lo agarran de lorna en el colegio, se comen su lonchera y le quitan el asiento.*

LUCA

luca: one sol (Peruvian currency)
🖉 *¿Cuánto cuesta esta camisa? -20 lucas.*

luca gringa: one thousand dollars
🖉 *El nuevo televisor me costó una luca*

gringa.

LUCA GRINGA

luciérnaga: lights, usually of the car
✐ *Has dejado prendidas las luciérnagas del carro.*

M

machete: sexual partner (man)
SYN: machucafuerte, mariachi, chancay, machucador
✐ *Milagros está estrenando machete nuevo, hoy lo presentará en la fiesta.*

machucador: sexual partner (man)
SYN: mariachi, machucafuerte, chancay, machete
✐ *El otro día la encontré a Carla llorando. Me contó que su machucador la golpeó.*

machucafuerte: sexual partner (man)
SYN: mariachi, machucador, chancay, machete
✐ *El de pantalón azul es el machucafuerte de Alicia.*

malandrín or

malandro: low social class person who shows bad behavior and acts like a criminal
SYN: berraco
✏ *Diego no era así, sus amigos lo han vuelto un malandrín./ La cuadra donde vivía se ha llenado de malandros ahora último.*

maldito: very good, excellent (a thing)
✏ *Tu computadora nueva está maldita. ¿Dónde te la compraste?*

maletear: to make bad comments about someone
✏ *La gente en la oficina está maleteando al nuevo empleado.*

mancha: group of people
✏ *Estuvo presente en la celebración toda la mancha del barrio.*

maní or **manicito:** small penis
SYN: chizito, mechacorta
✏ *Dicen que Rolando tiene un manicito que hay que verlo con lupa.*

manicero: man with small penis
✏ *Su esposa lo dejó porque dice que era flojo y encima manicero.*

mañoso: sexual pervert, someone who has sexual misconduct
SYN: mañuco
✏ *Su jefe es un mañoso, lo único que hace es mirarla libidinosamente.*

mañuco: sexual pervert, someone who has sexual misconduct
SYN: mañoso
✏ *Orlando es un mañuco, lo único que hace es pensar en sexo.*

¡manya!: look!
✐ *¡Manya ese carro! Nunca había visto un modelo así.*

manyar: 1) to understand, to get 2) to know someone or something
✐ *1) Esta máquina se maneja así, ¿manyas? 2) ¿Manyas a la chica que está con Manuela? -No, solo la manyo de vista.*

mariachi: sexual partner (man) SYN: machucafuerte, chancay, machucador, machete
✐ *El mariachi de Carmen es japonés.*

marmaja: it refers to money, usually in a negative way
✐ *Al dueño de la empresa no le importa el personal que trabaja ahí, solo quiere la marmaja.*

marrocas: handcuffs
✐ *Lo detuvieron y lo llevaron preso con marrocas.*

may: used when someone wants to bother another person, usually interrupting when someone else is talking, it refers to "mother" as in "mother fucker"
✐ *Cuando regresaba de... -¡May!*

mecer: to give an untruthful answer in order to not fulfill an obligation
✐ *Me dijo que me iba a pagar a fin de mes, pero creo que me está meciendo.*

mecha: fight, quarrel
✐ *Terminando el partido seguro que empezará la mecha entre barristas.*

mechacorta: small penis
SYN: chizito, maní/

manicito
✏ *Todas las enamoradas que ha tenido Alberto dicen que él es mechacorta.*

medir el aceite: expression for male-female or male-male intercourse, it refers to the penetration by the male sexual member
✏ *Marcos dice que quiere medirle el aceite a Yolanda.*

meter cabeza or **tirar cabeza:** ignore a debt with malice SYN: cabecear
✏ *Me metió cabeza con los 20 soles que le presté.*

meter carbón: to stimulate more conflict where there already is some by talking about/against that
✏ *Claudia ya había terminado con su novio, pero Jéssica le seguía metiendo carbón hablando mal de él.*

meter chamullo: to talk a lot without too much content, to try to convince someone to a desired purpose without having the necessary foundation SYN: chamullar
✏ *No sabía la respuesta, pero le metí un chamullo al profesor y me puso buena nota.*

meter floro: to use the best vocabulary to impress someone SYN: chamullar, meter chamullo
✏ *Roberto metió un buen floro y pudo conseguir el puesto de trabajo.*

meter la pata: to get pregnant (an unwanted pregnancy)
✏ *Ana no pudo terminar el colegio porque metió la pata*

y tuvo que dejarlo.

meter plomo: to shoot somebody with a gun
SYN: plomear
✐ *Dame la billetera, si no te meto plomo.*

meterse una paja: to masturbate
SYN: correrse la paja, estar con manuela
✐ *No tengo enamorada desde hace tiempo, lo único que me queda es meterme unas pajas.*

mica: shirt, it comes from "*camisa*" (mi-ca)
✐ *No puedo ir con esta mica a la reunión, está sucia.*

mionca: big truck, it comes from changing the syllable order of "*camión*" (mion-ca)
✐ *Para llevar toda esa mercadería, tengo que alquilar un mionca.*

MIONCA

misio: someone who doesn't have much money
SYN: misionero
✐ *Me he quedado misio después de comprar el auto. Tengo que seguir pagando las cuotas.*

misionero: someone who doesn't have much money
SYN: misio
✐ *No cuenten con él para la colecta, siempre para misionero.*

mitra: head
✐ *Subiendo al carro me golpeé la mitra.*

mojarse la canoa: implies homosexuality
SYN: sudarle la espalda, chorrearse el helado
✎ *Me han contado que vieron a Enrique conversando con otro chico muy pegaditos. Creo que se le moja la canoa.*

moquear: to cry
✎ *Todas las chicas salieron del cine moqueando luego de ver aquel drama.*

mosaico: waiter, it comes from "mozo"
✎ *¿Por qué se demora tanto el mosaico? ¡Tengo hambre!*

mostazero: man who likes to have sex with other men
SYN: cacanero
✎ *Se contagió de sida por mostazero, sólo paraba con maricones.*

muñequeado: to be nervous
✎ *Estuvo muñequeado antes del concierto, pero al final cantó muy bien.*

MOSAICO

N - Ñ

nancy: nothing
SYN: ni michi
✏ ¿Tienes algo de dinero? -No, nancy.

Nancy que Bertha: negation, it comes from "nada que ver"
✏ ¿Verdad que te gusta Betsy? -No, nancy que bertha, somos solo amigos.

natacha: pejorative name for a maid, a woman who works in a house cleaning, washing, etc. for a living
SYN: servilleta
✏ Los domingos son los días libres de las natachas.

ni michi: nothing
SYN: nancy
✏ Traté de que me diera una razón, pero no me dijo ni michi.

no jalo: to not be able to do something due to tiredness
✏ He estado trabajando todo el día en ese proyecto. Ya no jalo.

no verla: to be without sex for a while
✏ No la veo desde que terminé con mi enamorada.

novelas: novelty, news
✏ ¿Y... qué novelas? Hace un buen tiempo que no te veía.

ñanga: nose
✏ Por hablarme mal, le tiré un puñetazo en la ñanga.

ÑOBA

ñoba: bathroom, restroom, it comes from changing the syllable order of "baño" (ño-ba)

🖉 *Mozo, ¿dónde está el ñoba? -Al fondo a la derecha.*

ñoco: homosexual (man)
SYN: brito, brócoli, cabro, chinbombo, cabrilla, británico, chivo, rosquete, rosca, boyo
🖉 *Ese ñoco es un descarado, se besa con hombres en plena vía pública.*

ñorsa: wife
🖉 *Fernando y su ñorsa llegaron juntos a la reunión.*

O - P

ojal: eye
🖉 *¿Por qué me miras con esos ojales? No he dicho nada que no sea cierto.*

OJAL

ortiz: anus
SYN: chico, aro
🖉 *A los presos acusados por violación de niños, les dan por el ortiz.*

otorongo: congressman
🖉 *Habrá que confiar en los otorongos en que aprueben la ley de seguridad ciudadana.*

pacha: woman who

gets sexually involved very easily, slut
SYN: pacharacha, ruca, rufiana, faricea, rufla
✎ *En esta cuadra se paran varias pachas.*

pachamanca: action of smooching (kissing) and touching
✎ *Ellos estaban en plena pachamanca y no se dieron cuenta cuando sus papás entraron.*

pachamarquear or **pachamarquearse:** to smooch (kiss) and touch
✎ *Estaban en el carro pachamanqueándose.*

pacharaca: woman who gets sexually involved very easily, slut
SYN: pacha, ruca, rufiana, faricea, rufla
✎ *Si sales con esa falda tan alta vas a parecer una pacharaca.*

pacharaco: something too striking, outlandish, also a person with bad taste in dressing and putting on make-up.
✎ *El color del vestido que te compraste ayer es bien pacharaco.*

pachocha: in a very slow way
✎ *Estás con toda la pachocha y tienes que ir a trabajar, ¡apúrate!*

paco: package containing drugs
✎ *Lo apresaron por llevar varios pacos en su maleta.*

pagar pato: to pay for something that was not your fault
✎ *No tuve nada que ver en la pelea pero igual pagué pato.*

paja: good, excellent, pretty, cool
✎ *¡Qué paja que*

está tu carro nuevo!

pajearse: to masturbate
SYN: correrse la paja, estar con manuela
✎ *El otro día vi a Enrique pajearse en el baño.*

pajero: someone who masturbates a lot
✎ *Elena bromeando dijo: los pajeros deben tener las manos llenas de cayos.*

palero: liar
SYN: toquero
✎ *Solo debes creer la mitad de lo que dice Alex, es un palero.*

paletear: to finger, to touch up (sexually)
✎ *En el bus había un hombre que estaba paleteando, pero la gente se dio cuenta y lo hicieron bajar.*

palo: lie
✎ *Eso es palo, no le creas.*

palta or **¡qué palta!:** embarrassment, shame / how embarrassing!
SYN: roche / ¡qué roche!
✎ *Ayer bajando del bus me caí. ¡Qué palta!*

paltearse or **estar palteado:** to be worried, confused, embarrassed
✎ *Me paltea tener que ponerme ese disfraz.*

panudear: to show off, to flash around, to boast
SYN: tirar pana
✎ *Alfonso ya empezó a panudear con su reloj nuevo.*

panudo: someone conceited, ostentatious, who fancies himself/herself
✎ *Miren al panudo de Enrique, nuevamente está*

enseñando el carro que le compró su papá.

papa: female genital organ
SYN: chucha
✎ *Cuando Gabriela se agachó, se le vio la papa porque no traía ropa interior.*

papas a la huancaína: a dish made with boiled potato in a creamy spicy sauce

PAPAS A LA HUANCAÍNA

papaya: easy
SYN: huevo
✎ *¡Qué papaya que estuvo el examen!*

papear: to eat
SYN: combear, tirar combo, jamear
✎ *Jaime ha engordado, debe estar papeando bien.*

parche: a pair
✎ *Tomamos un parche de cervezas y nos vamos.*

pasar el yara: to let someone know about something
✎ *Le haremos una fiesta sorpresa a Luis por su cumpleaños, pasa el yara a toda la gente.*

pasar la bocina: to let someone know if you need something
✎ *Si necesitas algo más, solo pásame la bocina.*

pasearse el alma: not being alert, attentive, not paying attention
✎ *A ese policía se le pasea el alma, no se dio cuenta de que estaban robando la tienda.*

pastrulo: addicted to cocaine
🖉 Tuvieron que llevar a Joaquín a rehabilitación, se había convertido en un pastrulo.

patas: legs, usually of a woman
SYN: yucas
🖉 Practicar ballet le ha hecho que tenga buenas patas.

PATAS

patero: flatterer, kiss-up
SYN: chupamedia, sobón, ayayero, franelero

🖉 Benjamín es un patero, siempre está adulando al jefe.

patuto: police car
🖉 Voy a tener que bajar la velocidad, hay muchos patutos por aquí y no quiero que me paren.

PATUTO

pechereques: woman´s breasts
🖉 En esa agencia de modelos, solo piden chicas con buenos pechereques.

pedal: gas, fart
🖉 Tuve que salir del auditorio para que no se escucharan los pedales.

pegársela: to get drunk
🖉 Tomás y sus

amigos se la pegaron ayer.

pelotear: delay or deflect an obligation
⌁ *Fui a hacer un reclamo y lo único que hicieron fue pelotearme.*

pendejada: stupidity, foolishness
⌁ *No digas pendejadas.*

pensar en las musarañas: being absent-minded
SYN: estar en la luna de paita
⌁ *Presta atención Carlos, lo único que haces es pensar en las musarañas.*

pepa: 1) a pretty face, usually referring to man 2) pill
⌁ *1) ¡Qué buena pepa que tiene el enamorado de Juliana! 2) ¿Cuántas pepas te tomas al día?*

PEPAS

pepear: to drug someone, to make victims of robberies or rapes drowsy by putting drugs into the drink
⌁ *Le han dado 5 años de prisión por haber pepeado a varias personas.*

perra: foot odor
⌁ *Después del entrenamiento, todos tenían unas perras que nadie las aguantaba.*

perromuertero: swindler (not on a large scale)
⌁ *Esos dos son unos perromuerteros, siempre se van del bar sin pagar.*

perucho: peruvian
✎ *Me encontré con un par de peruchos cuando estuve de viaje en Europa.*

pezuñento: word used to show contempt
✎ *Ese pezuñento se cree el mejor de la clase.*

picar: to borrow something without thinking of giving it back
✎ *Vino y me picó 5 soles para el taxi.*

picarse: to get upset because of not accepting the result of a game or not accepting jokes
✎ *Es solo una broma, no te piques.*

pichula: male genital organ
SYN: pincho

piña: unlucky
✎ *Perdí el tren por cinco minutos. ¡Qué piña!*

pincho: male genital organ
SYN: pichula

piquito: soft kiss on the lips
✎ *¿Me puedes dar aunque sea un piquito?*

pirulín: a little boy's penis
✎ *Aquel niño sacó su pirulín y se puso a orinar en el jardín.*

pisado: person dominated by his/her partner
✎ *¿Por qué Diego no vino a la fiesta? -Porque su esposa lo tiene pisado.*

pisco: a traditional liquor made from grapes

pito: virgin, chaste
✎ *Mi enamorada está pito, nunca antes ha tenido relaciones sexuales.*

pituco: rich and good

looking person
- *A ese pituco lo han puesto en el colegio más caro de la ciudad.*

PISCO

plan h: to do nothing
- *¿Qué hiciste ayer? -Nada, estuve en plan h.*

plancito: occasional non-serious date
- *Mañana tengo un plancito, ¿a dónde me recomiendas ir?*

playa: often refers to a parking lot

PLAYA

plomear: to shoot somebody with a gun
SYN: meter plomo
- *El delincuente por escapar plomeó al dueño de la tienda.*

pollo: someone who gets drunk easily
- *A Bruno dale poco trago porque es bien pollo.*

polvo: to have sex
- *Ayer me metí un polvo con Luisa.*

poncho: condom, prophylactic
- *Para prevenir*

el sida y otras enfermedades se debe usar poncho.

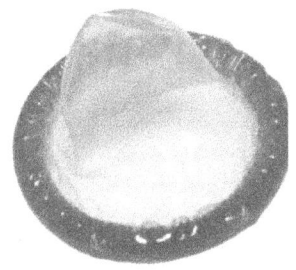

PONCHO

ponja: a person of Japanese origin, it comes from changing the syllable order of "*Japón*" (pon-ja)
El dueño de esta empresa es ponja.

por las puras: for the sake of it, without any reason
SYN: por las puras alverjas
No te hagas problemas por las puras.

por las puras alverjas: for the sake of it, without any reason
SYN: por las puras
Mi papá me castigó por las puras alverjas. Él no estaba seguro que yo había tenido la culpa.

por las puras huevas: for the sake of it, without any reason
SYN: por las puras, por las puras alverjas
Esos dos se han peleado por las puras huevas, no había motivo para llegar a tanto.

por si las moscas: just in case
SYN: porsiaca
Parece que va a hacer frío esta noche. Lleva un abrigo por si las moscas.

porsiaca: just in case, comes from "*por si acaso*"
SYN: por si las moscas
Voy a llevar un libro porsiaca tenga que esperar a que el doctor llegue.

precioso: prisoner,

imprisoned
- *Van a trasladar de prisión a las preciosas del Santa Mónica.*

¡pucha!: interjection of disappointment, annoyance
- *¡Pucha! Se fue la luz nuevamente.*

pucho: cigarette
SYN: fallo
- *¿Tienes un pucho para que me invites?*

puentear: to omit, ignore, evade a person
- *Me toca a mí, no me puentees.*

pulenta: excellent, nice
- *Tus nuevos diseños están pulenta.*

pulsear: to find out
- *Anda pulsea a ver de qué humor está el jefe.*

punta: person
- *¿Cuántas puntas van a ir al concierto hoy?*

puta madre: interjection said when someone is angry
- *¡Puta madre! ¿No te he dicho que no hagas eso?*

Q - R

que chucha: used to say that you don´t care
🖉 *Sí, él es más alto que yo, ¿y a mí qué chucha?*

quincearse: to be mistaken, to make a mistake
🖉 *Me quincié, pensé que hoy era tu cumpleaños.*

rajar: to say bad things about someone
🖉 *Laura no deja de rajar de su ex-esposo.*

raquel: thin, skinny
🖉 *¿Qué le ha pasado a Isabel? La veo bien raquel. ¿No está comiendo bien?*

rasquimbol: to idle, laze or loaf around, it comes from "*rascarse las bolas*"
🖉 *¡Ya! Pónganse a trabajar y dejen de estar en puro rasquimbol.*

recontra: extremely
🖉 *Estoy recontra cansado de escuchar a Natalia quejarse por todo.*

richi: food
SYN: jama
🖉 *Tengo hambre. ¿Qué hay de richi?*

roche or **¡qué roche!:** embarrassment, shame / how embarrassing!
SYN: palta or ¡qué palta!
🖉 *Mis amigos me cantaron a gritos "feliz cumpleaños" en el restaurante y todos los que estaban ahí me miraron, ¡qué roche!*

rosca: homosexual (man)
SYN: brito, brócoli, cabro, chinbombo, cabrilla, británico, chivo, ñoco, roquete, boyo
🖉 *El rosca de*

Coco ha abierto su peluquería en Salamanca.

rosquete: homosexual (man)
SYN: brito, brócoli, cabro, chinbombo, cabrilla, británico, chivo, ñoco, rosca, boyo
✎ *Los rosquetes han inundado este parque.*

roto: someone from Chile
✎ *El enamorado de Griselda es roto.*

rubia: lager, pale ale
✎ *¿Saliendo del trabajo nos tomamos un par de rubias?*

rubio al pomo: hair dyed blonde
✎ *Esa chica es rubia al pomo, yo la conocí cuando tenía el cabello negro.*

ruca: woman who gets sexually involved very easily, slut
SYN: pacha, pacharaca, rufiana, faricea, rufla
✎ *Ella antes era una buena chica, ahora es una ruca.*

rufiana: woman who gets sexually involved very easily, slut
SYN: pacharaca, pacha, ruca, faricea, rufla
✎ *Vamos a ese bar que hay puras rufianas.*

rufla: woman who gets sexually involved very easily, slut
SYN: pacharaca, pacha, rufiana, faricea, ruca
✎ *Cada vez hay más ruflas por esta zona.*

S

sacar cacha: to mock/make fun of a situation in a sarcastic way
SYN: sacar pica
✎ *Ya sé que me ganaste en ajedrez, pero no es necesario que me saques cacha.*

sacar la guaracha: to leave, to take off
✎ *Ya tengo sueño, voy a sacar la guaracha.*

sacar la mugre: 1) to beat somebody very hard, to hit repeatedly 2) to do something very hard, with complete effort, whether it be physically or mentally
SYN: 1) dar de alma, abollar
✎ *1) Alfonso le sacó la mugre a Miguel por insultar a su familia. 2) Aquel obrero se saca la mugre trabajando para mantener a su familia. / Me he sacado la mugre estudiando, pero ya tengo mi título.*

sacar pica: to mock/make fun of a situation in a sarcastic way
SYN: sacar cacha
✎ *¡Mamá! Pepito me está sacando pica porque a él le dieron un helado y a mí no.*

salchichón: big penis
SYN: chorizón
✎ *Teresa me dijo que nunca había visto un salchichón tan grande.*

santoyo: birthday
SYN: diablo
✎ *José hará una fiesta el sábado por su santoyo.*

sapear: to watch, to catch sight of something
✎ *Sapea por si viene el profesor. Si nos encuentra aquí nos castigará.*

sapo: 1) smart, alert person 2) person who is watching, nosy
SYN: 1) zapallo 2) sapolio
✎ *1) ¿Cómo hiciste para que tus papás te dejaran ir a la fiesta? ¡Qué sapo que eres! 2) Mi vecino es un sapo, para todo el día en su ventana.*

sapolio: person who is watching, nosy
SYN: sapo
✎ *Carmen es la sapolia del barrio, sabe la vida de todo el mundo.*

seco y volteado: swallowed in one gulp, with a single sip, usually with alcoholic drinks
SYN: al seco
✎ *¡Todos listos con sus copas, a la voz de 3, todos seco y volteado!*

servilleta: pejorative name for a maid, a woman who works in a house cleaning, washing, etc. for a living
SYN: natacha
✎ *María trabaja como servilleta en casa de los Gonzáles.*

sevillano: ceviche, typical Peruvian dish
✎ *Hace tiempo que no me comía un sevillano tan bueno.*

SEVILLANO

sobón: flatterer
SYN: chupamedia, franelero, ayayero, patero
✎ *El alumno nuevo es bien sobón con el profesor, espera que le ponga buena nota.*

soga: tie
✎ *Ayúdame a*

escoger la soga que va con esta camisa.

SOGA

sudarle la espalda: implies a gay person
SYN: mojarse la canoa, chorrearse el helado
✎ *A Federico le suda la espalda.*

suzuki: dirty, when something is not clean
✎ *Anda cámbiate de blusa, ésta está suzuki.*

T

'ta mare: interjection said when someone is angry, it comes from: "puta madre"
✎ *'Ta mare, esto es el colmo.*

taba: 1) shoe 2) clumsy, not very smart person
SYN: 1) zapato
✎ *1) Ayer me compré unas tabas nuevas. 2) Qué taba que eres, ¿acaso no entiendes lo que estoy diciendo?*

TABA

tarzán: late
✎ *Me perdí la primera parte de la película por llegar tarzán.*

tener correa: to know

how to take a joke
✎ A ese pata no le hagas bromas, no tiene correa y se puede molestar.

tener vara: pull, influence, contacts, when someone with power helps you achieve your goals by taking advantage of his/her power or influence
SYN: estar envarado
✎ Él pudo entrar a trabajar a esa empresa porque tiene vara, conoce al gerente de personal.

termo: a guy who wants to declare his love to a girl but never finds the right moment to do it, they go out, spend time together but for some reason he never does it
✎ Rafael fue muy termo con Luisa y nunca se le declaró.

ternero: suit

✎ Tendré que comprarme un ternero nuevo para la próxima reunión.

TERNERO

terruco: terrorist
✎ Le dieron cadena perpetua al terruco Abimael.

tigre: someone skillful, who knows a lot about a field or a subject
SYN: trome
✎ Para solucionar tu problema con la red, te voy a

enviar a un tigre en conectividad.

tío: elderly person
SYN: vegetal
✐ *El profesor cada vez está más tío.*

tirar: 1) to have sex 2) to be good at something
SYN: 1) cachar
✐ *1) A esa playa van las parejas de noche a tirar. 2) Tú que tiras matemáticas, ¿crees que me puedes enseñar?*

tirar arroz: to ignore, to despise
SYN: tirar roche, arrochar
✐ *Me declaré a Juana y ella me tiró arroz.*

tirar caña: to drive very skillfully
✐ *Para poder conducir este camión es necesario tirar caña.*

tirar combo: to eat
SYN: combear, jamear, papear
✐ *Es hora de tirar combo, regreso en un momento.*

tirar jato: to sleep
SYN: jatear
✐ *No pude tirar jato en toda la noche, había una fiesta en casa de mi vecino.*

tirar lata: to go on foot
SYN: latear
✐ *Después del cine, tiramos lata de*

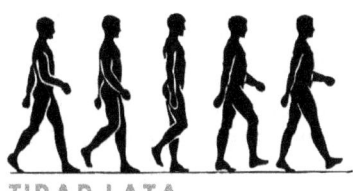

TIRAR LATA

regreso a casa.

tirar lente: to look at something
SYN: chinear, lentear
✐ *Zoila, Juan está que te tira lente desde hace rato. Creo que le gustas.*

tirar pana: to show off, to flash around, to boast
SYN: panudear
✐ *Ahí viene Javier tirando pana con su moto nueva.*

tirar roche: to ignore, to despise
SYN: tirar arroz, arrochar
✐ *Me ofrecí a acompañarla a su casa, pero ella me tiró roche, me dijo que Eduardo la llevaría en su carro.*

tirarse la pera: to skip lessons at school or to not go to work for an unjustified reason
✐ *A Gonzalo lo expulsarán del colegio si lo atrapan tirándose la pera.*

tiza: very clean, neat
✐ *El primer día de clases, todos los alumnos van bien tiza al colegio.*

tombería: police force
✐ *La tombería está recibiendo un entrenamiento especial para la próxima llegada de los presidentes.*

tombo: policeman
✐ *El tombo pudo atrapar al*

TOMBO

delincuente que me robó mi bolso.

tonear: to go to a party
✐ *Estuvimos toneando hasta la madrugada.*

tónico: party
SYN: tono
✐ *El tónico del*

sábado estuvo buenazo, buena música y harta cerveza.

tono: party
SYN: tónico
🖎 *Hay un tono el sábado, ¿quieres ir?*

toque: a little while
🖎 *Espérame, solo me demoro un toque.*

toquear: to lie
🖎 *¿A qué hora vas a regresar? -Temprano -No me estarás toqueando, ¿no?*

toquero: liar
SYN: palero
🖎 *¿Cuándo me vas a llamar? -Mañana -No te creo, eres un toquero.*

torreja: something ugly, unpleasant, something less than what was expected or that leaves a poor impression
🖎 *La exposición del profesor fue bien torreja.*

tortis: lesbian
🖎 *Angela resultó ser tortis, está viviendo con una chica ahora.*

trafa: plot, trick, fraud
🖎 *Lo metieron a prisión por la trafa que hizo en el banco.*

trafero: someone who tricks, cheats, swindles
🖎 *En cualquier momento lo meten preso a Roberto por ser tan trafero.*

trampa: 1) mistress, lover 2) promiscuous woman, tramp
🖎 *1) Anoche salí con mi trampa y casi me ve una amiga de mi esposa. 2) Cecilia no es para una relación seria, es una trampa.*

tramposo: unfaithful as a way of life
🖎 *Renato es un tramposo, todas sus enamoradas lo dejan*

porque lo encuentran siempre con otras chicas.

tranca: 1) hard, difficult 2) drunkenness
SYN: 1) difícil 2) bomba
✎ 1) El examen de química estuvo bien tranca, no sé si aprobaré. 2) Gustavo se metió una tranca brava y estuvo durmiendo toda la mañana.

tranqui: quiet, relaxed, it comes from "tranquilo"
✎ Vamos a una fiesta más tarde -No, anda tú no más, yo quiero pasarla tranqui.

trapecio: cloth, rag
✎ Pásale el trapecio a la cocina, está sucia con restos de comida.

trapo: tired after doing a hard activity
✎ Faltan varios minutos para terminar el partido, pero los jugadores ya están trapo.

triquear: to take for the third time the same course because you failed the other two times
✎ Josué está triqueando con el curso de lógica, si no pasa esta vez, lo sacarán del programa.

troca: brothel
SYN: chongo
✎ Las chicas del troca tienen certificado sanitario.

TRAPECIO

trome: someone skillful, who knows a lot about a field or a subject
SYN: tigre
🖉 *Jaime obtuvo el primer puesto en literatura por ser tan trome.*

tuco: upscale, elegant
SYN: ficho
🖉 *Esta es una tienda tuca, mira los precios, están altísimos.*

tumbes: you, it comes from "tú"
🖉 *¿Quién va a ser tu padrino? -Tumbes.*

turrón: alcoholic stink (breath)
🖉 *¿Has estado tomando ayer? ¡Qué tal turrón que tienes!*

U - V

unas aguas: alcoholic drinks
🖉 *¿Qué dices? ¿Nos tomamos unas aguas el viernes en mi casa?*

UNAS AGUAS

vacilar: to like
🖉 *Esa chica me vacila pero ella no se fija en mí.*

vacilón: 1) hobby, to do something that you like 2) a casual relationship, not serious
🖉 *1) Arreglar computadoras es solo mi vacilón, yo no cobro por eso. 2) Daniel tuvo solo un vacilón con Ana, ella no es su enamorada.*

vao or **mao:** let´s go
✐ *Vao al cine en la noche.*

VEGETAL

vegetal: old person
SYN: tío
✐ *El abuelo ya está vegetal, no debería estar haciendo esas cosas.*

verraco: rude, abrupt person who shows bad behavior and acts like a criminal
✐ *No te metas con esos verracos, no se sabe cómo podrían reaccionar.*

villegas: money, bills
✐ *Esa moto le debe haber costado buen villegas.*

vinoco: wine, it comes from: "vino"
✐ *No te olvides de comprar el vinoco para la reunión de la noche.*

VINOCO

violín: 1) rape 2) someone who is not needed or wanted when you want to be alone with your girlfriend/boyfriend
SYN: 1) violador 2) violinista
✐ *1) Lo condenaron 5 años por violín. 2)*

Quería estar a solas con Mariana, pero Omar estuvo de violín en todo momento.

violinista: someone who is not needed or wanted when you want to be alone with your girlfriend/boyfriend
SYN: violín
✏ *¿Por qué no le dices a tu hermano que se vaya? No me gustan los violinistas.*

W - Y

wawa: kid
✏ *Mira a ese wawa que bien juega con la pelota.*

WAWA

won: friend, man, it comes from *"huevón"* but said in a friendly way
✏ *Este won, no sabe ni cómo ponerse la corbata.*

ya no sopla: expression said to refer to a man who is getting old and losing his virile faculties
✏ *Ese viejo ya no*

sopla pero sigue detrás de las chicas.

yapa: extra small-scale bonus
✐ *Si te compro un kilo de manzanas, ¿qué me das de yapa? -Le doy una naranja señora.*

yapla: beach, coast, it comes from changing the syllable order of *"playa"* (ya-pla)
✐ *Si sale sol, mañana nos vamos todos a la yapla.*

YAPLA

yauca: 1) it comes from *"Callao"* (llao-ca) the Province Constitutional of Callao 2) difficult, unlikely
✐ 1) *Vamos a las playas del yauca, están limpias. 2) Está yuca que pueda ir a la fiesta, mis papás me castigaron.*

yucas: legs
SYN: patas
✐ *Margarita es fea pero tiene buenas yucas.*

YUNAITES

yunaites: United States
✐ *Sus papás se llevaron a Isabel a vivir a los yunaites desde cuando era solo una niña.*

yungay: pejorative way to call a security guard
✐ *Solamente pude conseguir chamba de yungay.*

yunta: close friend

🖉 *Rafael es mi yunta de toda la vida.*

Z

zambrano: black person, it comes from "zambo"
SYN: grone, crolo
🖉 *El zambrano toca bien el cajón.*

zampado or **zampao:** drunk
SYN: zampietri, huasca, choborra, entre pisco y nasca
🖉 *Manuel está tan zampado que mañana no se va a acordar de nada.*

zampietri: drunk
SYN: zampado, huasca, choborra
🖉 *Esos dos llegaron zampietri ayer.*

zampón: 1) an uninvited guest, party crasher 2) a person who jumps the line
🖉 *1) ¿Conoces al que está sentado en esa mesa? -No, creo que es un zampón. 2) ¡Oiga! Haga su turno, no sea zampón*

zanahoria: person without any vices or bad habits
✎ *Pedro es un zanahoria, no toma, no fuma y nunca llega tarde a casa.*

zapallo: smart, alert person
SYN: sapo
✎ *Pepe es bien zapallo, no pierde ninguna oportunidad.*

zapatilla: a not so skillful person
✎ *Luego de comparar mi trabajo con el de Julio, quedé como una zapatilla.*

zapatón: a man with a big penis
✎ *A Rosalía le gustan los hombres zapatones.*

PHOTOS & ILLUSTRATIONS CREDITS

Pages 3 Presentation.
1) Niña de Chivay by Kmilo__, on Flickr. http://www.flickr.com/photos/_kmilo_/5486964613/
2) Macchu Pichu by macield, on Flickr. http://www.flickr.com/photos/danielmaciel/4911051260/

Page 5 Presentación.
1) Handknit Chullo by LollyKnit, on Flickr. http://www.flickr.com/photos/lollyknit/1440265092/
2) Cusco Llama by orazal, on Flickr. http://www.flickr.com/photos/orazal/999763421/

Page 10 A pico. Public domain image License (CC0). http://pixabay.com/en/juice-thirst-bottle-drink-19628/

Page 11 Aguayo. Water Glass by ~emptypulchritude under CC Attribution-Share Alike 3.0 License. http://emptypulchritude.deviantart.com/art/water-glass-322320544

Page 12 Aguja. Empty Pockets By danielmoyle on Flickr. http://www.flickr.com/photos/danmoyle/5634567317/

Page 12 Ají de gallina. By Dtarazona (Own work) [GFDL (http://www.gnu.org/copyleft/fdl.html) or CC-BY-SA-3.0-2.5-2.0-1.0 (http://creativecommons.org/licenses/by-sa/3.0)], via Wikimedia Commons

Page 13 Al chin chin. Rockin' the Soles by matthew.hickey, on Flickr. http://www.flickr.com/photos/36244797@N00/2070567770/

Page 14 Anticucho. By HugoMon (Own work) [CC-BY-SA-3.0 (http://creativecommons.org/licenses/by-sa/3.0) or GFDL (http://www.gnu.org/copyleft/fdl.html)], via Wikimedia Commons

Page 19 Bizcocho. dsc03315.jpg by mardy78, on Flickr. http://farm4.staticflickr.com/3422/3953638310_e8e2221e88.jpg

Page 19 Bobo. By Mistman123 (Own work) [GFDL (http://www.gnu.org/copyleft/fdl.html) or CC-BY-SA-3.0-2.5-2.0-1.0 (http://creativecommons.org/licenses/by-sa/3.0)], via Wikimedia Commons

Page 20 Botánica. Public domain bild (CC0). http://pixabay.com/sv/vinflaska-cartoon-dryck-alkohol-33493/

Page 24 Cana. Untitled by neil conway, on Flickr. http://www.flickr.com/photos/neilconway/3812660365/

Page 24 Caña. CC0 PD Dedication. http://openclipart.org/detail/13824/sedan-car-by-zager

Page 26 Chela. Public domain image License (CC0). http://pixabay.com/en/glass-cup-bottle-cartoon-mug-29461/

Page 27 Chibolo. Peruvian Potraits, the Sweet Seller by geezaweezer, on Flickr. http://www.flickr.com/photos/geezaweezer/8018564736/

Page 29 Chupar. CC0 PD Dedication. http://openclipart.org/detail/6898/couple-having-drinks-by-stevelambert-6898

Page 29 Combate. Pollo a la brasa by morrissey, on Flickr. http://www.flickr.com/photos/morrissey/3210018583/

Page 30 Cuete. CC0 PD Dedication. http://openclipart.org/detail/4399/revolver-by-johnny_automatic

Page 32 Descoserse el gorro. / Mike by KellyB., on Flickr. http://www.flickr.com/photos/foreverphoto/2188839612/

Page 32 Duro. By Dukejonell (Own work) [GFDL (http://www.gnu.org/copyleft/fdl.html) or CC-BY-SA-3.0-2.5-2.0-1.0 (http://creativecommons.org/licenses/by-sa/3.0)], via Wikimedia Commons

Page 33 Emilio. CC0 PD Dedication. http://openclipart.org/detail/170554/email.simple_1-by-gezegen-170554

Page 33 En bola. Public domain image License (CC0). http://pixabay.com/en/head-icon-outline-hand-people-31154/

Page 35 Fallo. Public domain image License (CC0). http://pixabay.com/en/cigarette-cigar-smoking-lung-cancer-3631/

Page 40 Jatear. Julie Goldsmith (#6228) by mark sebastian[/url], on Flickr. http://flic.kr/p/sKbvq under CC license Attribution-ShareAlike 2.0 Generic (CC BY-SA 2.0)

Page 41 Jato. CC0 PD Dedication. http://openclipart.org/detail/28497/house-icon-by-purzen

Page 41 Jonca. IMG_0332.JPG by busbeytheelder, on Flickr. http://www.flickr.com/photos/busbeytheelder/515546221/

Page 43 Lompa. CC0 PD Dedication. http://openclipart.org/detail/11222/various-clothing-by-jicjac-11222

Page 43 Luca. By Banco Central de Reserva del Peru (http://www.bcrp.gob.pe) [CC-BY-SA-3.0 (http://creativecommons.org/licenses/by-sa/3.0)], via Wikimedia Commons.

Page 44 Luca gringa. By Bureau of Engraving and Printing (http://www.moneyfactory.gov/document.cfm/5/42/160) [Public domain], via Wikimedia Commons.

Page 48 Mionca. Public domain image (CC0). http://pixabay.com/en/red-icon-outline-drawing-cartoon-24360/

Page 49 Mosaico. CC0 PD Dedication. http://openclipart.org/detail/22521/restaurant-by-warszawianka

Page Ñoba. Public domain image (CC0). http://pixabay.com/en/sign-flat-icon-blue-stick-outline-35597/

Page 51 Ojal. Eye of the Day by pumpkincat210, on Flickr. http://www.flickr.com/photos/pumpkincat210/4508760130/

Page 54 Papas a la huancaína. Papa a la Huancaina by Velo Steve, on Flickr. http://www.flickr.com/photos/juniorvelo/8477242574/

Page 55 Patas. Breaking the road legs By Oneras on Flickr. http://www.flickr.com/photos/oneras/4695702493/

Page 55 Patuto. By AgainErick (Own work) [GFDL (http://www.gnu.org/copyleft/fdl.html) or CC-BY-SA-3.0-2.5-2.0-1.0 (http://creativecommons.org/licenses/by-sa/3.0)], via Wikimedia Commons

Page 56 Pepas. Antibiotics by michaelll, on Flickr. http://flic.kr/p/29HnZx under CC License Attribution-ShareAlike 2.0 Generic (CC BY-SA 2.0)

Page 58 Pisco. By Richard A. Buitrón (Own work) [CC-BY-SA-3.0 (http://creativecommons.org/licenses/by-sa/3.0)], via Wikimedia Commons.

Page 58 Playa. ©Speaking Latino.

Page 59 Poncho. By Timothy Takemoto from Yamaguchi, Japan (Sex is Dangerous 3 Uploaded by Fæ) [CC-BY-2.0 (http://creativecommons.org/licenses/by/2.0)], via Wikimedia Commons

Page 64 Sevillano. Cebiche by David and Katarina, on Flickr. http://www.flickr.com/photos/davidkatarina/166069022/

Page 65 Soga. CC0 PD Dedication. http://openclipart.org/detail/63547/necktie-by-mazeo

Page 65 Taba. By Mike Gonzalez (TheCoffee) (Own work) [CC-BY-SA-3.0 (http://creativecommons.org/licenses/by-sa/3.0) or GFDL (http://www.gnu.org/copyleft/fdl.html)], via Wikimedia Commons.

Page 66 Ternero. - By Grondilu (http://en.wikipedia.org/wiki/File:DrFagin_suit.JPG) [GFDL (http://www.gnu.org/copyleft/fdl.html) or CC-BY-SA-3.0-2.5-2.0-1.0 (http://creativecommons.org/licenses/by-sa/3.0)], via Wikimedia Commons

Page 67 Tirar lata. Public domain image (CC0). http://pixabay.com/en/outline-drawing-people-boy-man-33483/

Page 68 Tombo. Polis by ms.akr, on Flickr. http://www.flickr.com/photos/msakr/5321704002/

Page 70 Trapecio. ©Speaking Latino

Page 71 Unas aguas. Cocktails by Kirti Poddar, on Flickr. http://www.flickr.com/photos/feastguru_kirti/5873730552/

Page 72 Vegetal. CC0 PD Dedication. http://openclipart.org/detail/103549/old-man-by-3dline

Page 72 Vinoco. Public domain image (CC0). http://pixabay.com/en/wine-wallpaper-drink-38278/

Page 73 Wawa. Protesto by Miradas.com.br, on Flickr. http://www.flickr.com/photos/galeria_miradas/5526731629/

Page 74 Yapla. The beach in Mancora, Peru by Theodore Scott, on Flickr. http://www.flickr.com/photos/theodorescott/2574935954/

Page 74 Yunaites. Public domain image (CC0). http://pixabay.com/en/geography-outline-map-states-35713/

www.ingramcontent.com/pod-product-compliance
Lightning Source LLC
Chambersburg PA
CBHW071630040426
42452CB00009B/1559